BEI GRIN MACHT SICH IHR WISSEN BEZAHLT

- Wir veröffentlichen Ihre Hausarbeit, Bachelor- und Masterarbeit

- Ihr eigenes eBook und Buch - weltweit in allen wichtigen Shops

- Verdienen Sie an jedem Verkauf

Jetzt bei www.GRIN.com hochladen und kostenlos publizieren

Bibliografische Information der Deutschen Nationalbibliothek:

Die Deutsche Bibliothek verzeichnet diese Publikation in der Deutschen Nationalbibliografie; detaillierte bibliografische Daten sind im Internet über http://dnb.d-nb.de/ abrufbar.

Dieses Werk sowie alle darin enthaltenen einzelnen Beiträge und Abbildungen sind urheberrechtlich geschützt. Jede Verwertung, die nicht ausdrücklich vom Urheberrechtsschutz zugelassen ist, bedarf der vorherigen Zustimmung des Verlages. Das gilt insbesondere für Vervielfältigungen, Bearbeitungen, Übersetzungen, Mikroverfilmungen, Auswertungen durch Datenbanken und für die Einspeicherung und Verarbeitung in elektronische Systeme. Alle Rechte, auch die des auszugsweisen Nachdrucks, der fotomechanischen Wiedergabe (einschließlich Mikrokopie) sowie der Auswertung durch Datenbanken oder ähnliche Einrichtungen, vorbehalten.

Impressum:

Copyright © 2014 GRIN Verlag, Open Publishing GmbH
Druck und Bindung: Books on Demand GmbH, Norderstedt Germany
ISBN: 9783668548060

Dieses Buch bei GRIN:

http://www.grin.com/de/e-book/375682/das-herr-knecht-verhaeltnis-aus-hegels-phaenomenologie-des-geistes-bei

Anton Stengl

Das Herr-Knecht-Verhältnis aus Hegels "Phänomenologie des Geistes" bei Jean-Paul Sartre

GRIN Verlag

GRIN - Your knowledge has value

Der GRIN Verlag publiziert seit 1998 wissenschaftliche Arbeiten von Studenten, Hochschullehrern und anderen Akademikern als eBook und gedrucktes Buch. Die Verlagswebsite www.grin.com ist die ideale Plattform zur Veröffentlichung von Hausarbeiten, Abschlussarbeiten, wissenschaftlichen Aufsätzen, Dissertationen und Fachbüchern.

Besuchen Sie uns im Internet:

http://www.grin.com/

http://www.facebook.com/grincom

http://www.twitter.com/grin_com

LMU - Fakultät für Philosophie
G. W. F. Hegel, Phänomenologie des Geistes
SoSe 2014
Hausarbeit von Anton Stengl,
HF Sinologie, NF Philosophie

Anton Stengl

Das Herr-Knecht-Verhältnis aus Hegels ′Phänomenologie des Geistes′ bei Jean-Paul Sartre

Inhalt

1. Das Selbstbewusstsein: das ′Herr und Knecht′- Bild bei Hegel 2
2. Sartre und Hegel 4
3. Äußerungen zu Sartre-Hegel 9
Literatur 11

1. Das Selbstbewusstsein: das 'Herr und Knecht'- Bild bei Hegel

„Der Herr ist ... für sich seyendes Bewusstseyn, welches durch ein anderes Bewusstseyn mit sich vermittelt wird, ... (...) ... bezieht sich der Herr mittelbar durch den Knecht auf das Ding; der Knecht bezieht sich, als Selbstbewusstseyn überhaupt, auf das Ding auch negativ und hebt es auf; (...) Dem Herrn dagegen wird durch diese Vermittlung die unmittelbare Beziehung als die reine Negation desselben oder der Genuss; was der Begierde nicht gelang, gelingt ihm, damit fertig zu werden und im Genusse sich zu befriedigen. (...) die Seite der Selbstständigkeit aber überlässt er dem Knechte, der es bearbeitet. (...) „Die Wahrheit des selbstständigen Bewusstseyns ist demnach das knechtische Bewusstseyn." [1]

Es geht um den Vorgang der Verdoppelung des Selbstbewusstseins innerhalb eines Menschen (auch wenn das Beispiel vom Herrn und dem Knecht selbst verschiedenst interpretiert werden kann, siehe Kojeve). Das eine von ihnen, der 'Herr', „weiß um sich selbst", ist der Wille, sich als reines Für-sich-sein zu behaupten, ohne sich durch Dinge bestimmen zu lassen; das andere, der 'Knecht', verliert sich an die gegenständliche Welt, formt sie, und erkennt damit seine eigenen Endlichkeit.

Es läuft ein 'Kampf auf Leben und Tod', wie die Kapitelüberschrift lautet. Zugleich sind beide Akteure nicht voneinander zu trennen und erreichen die gegenseitige Anerkennung – um die es bei Hegel letztendlich ging und die auch für Sartre ein zentrales Problem darstellte, das sich durch sein ganzes Werk zog.

Der Herr hat den Knecht an der Kette, er hat den Kampf vorerst für sich entschieden. Seine Beziehung zum Ding, zur gegenständlichen Welt, kann aber nur durch den Knecht hergestellt werden, der für ihn arbeitet. Das Ding wird durch die Arbeit verändert, es ist von daher von der Handlung des Knechts abhängig, der es aber in seiner Abhängigkeit vom Herrn diesem zum 'Genusse' reicht.

Daraus ergibt sich die Anerkennung des Herrn „durch ein anderes Bewusstseyn", durch fremde Arbeit und durch eigenen Genuss, der sich daraus ergibt.

Der Herr verliert aber damit genau das, was ihn ausmacht als Für-sich-sein, nämlich seine Selbstständigkeit. Der Herr ist vom Knecht abhängig, sein Für-sich-sein wird zum Für-den-Knecht-sein, der damit an diesem Für-sich-sein teilhat. Damit ist auch der Gedanke ausgesprochen, dass die Arbeit nicht nur den zu bearbeitenden Gegenstand, sondern auch den Menschen, der ihn bearbeitet,

---

[1] Hegel, Phänomenologie..., 112 ff

ändert. Der Knecht wird sich bewusst, dass er selbst es ist, von dem der Herr abhängig ist, denn er kann auch ohne ihn existieren. Das ehemals knechtische Bewusstsein kommt durch sein Sich-finden im Anderen zu sich selbst, entwickelt Selbstbewusstsein.

„Die Wahrheit des selbstständigen Bewustseyns ist demnach das knechtische Bewusstseyn."[2]

---

[2] Hegel 114

2. Sartre und Hegel

Die philosophischen Ausgangspunkte des Existentialismus von Jean-Paul Sartre sind nicht nur Descartes und Husserl, sondern auch Hegel.
In seinem Buch 'Das Sein und das Nichts' von 1943, Untertitel: 'Versuch einer phänomenologischen Ontologie', folgt auf die Behandlung der Themen Sein und Nichts, sowie 'Das Für-sich' der Teil 'Das Für-andere' (Dritter Teil), in dem es um die „Fremdexistenz" geht und den „Seinszusammenhang mit dem Sein Anderer". Hier bringt Sartre das Herr-Knecht-Beispiel im Zusammenhang mit seiner Überlegung zum Solipsismus.[3]
Die Frage ist folgende: Wie können wir zweifelsfrei wissen, dass andere menschliche Wesen existieren, ausgehend von uns als Subjekt? Das einfache 'Erkennen' wird von Sartre nicht akzeptiert, denn für das Funktionieren einer Erkenntnistheorie wird die von uns unabhängig existierende Umwelt vorausgesetzt, in der die einzelnen Personen (Subjekte) nicht anders zueinander stehen als wie raum-zeitlich existierende Gegenstände, also in einer an-sich-seienden Beziehung. Dieses Verhältnis der 'Exteriorität' zu den Anderen entspräche einem Verhältnis „zweier getrennter Substanzen". Es gibt keine Auskunft darüber, ob es sich um 'Andere' handelt, die als solche Einfluss auf mich nehmen können, in Sartre's Terminologie: von denen ich 'affiziert' werden kann. Dieser Effekt der 'Affizierung' ist bei Dingen natürlich nicht möglich, er ist anderen Personen vorbehalten.
Die Vorschläge zur Problemlösung – wie kann der Solipsismus oder „das realistische Alltagsverständnis"[4] in Bezug auf die Existenz des anderen Ich überwunden werden - von Seiten 'Husserl, Hegel und Heidegger' ist ein eigenes Kapitel, das dritte, mit diesem Titel gewidmet. Hegel[5], der als zweiter Philosoph behandelt wird, schneidet bei Sartre in dieser Hinsicht besser ab als Husserl, der Philosoph der Phänomenologie.
Gerade mit dem 'Herr-Knecht-Beispiel' in seiner Phänomenologie hat Hegel bereits die Exteriorität der Beziehungen zwischen den einzelnen Personen überwunden. Der 'Herr' ist tatsächlich vom 'Knecht' abhängig, denn nur über ihn ist die Beziehung zur Außenwelt, zu den Dingen, möglich, also nur über ihn kann der 'Herr' sich seines eigenen Für-sich-seins gewiss sein. Der Knecht ist also die Wahrheit des Herrn[6].

---

[3] SN 299-338
[4] Honneth, 140
[5] SN 316 ff
[6] SN 319

Wenn es im Text von Hegel ja eigentlich um das Selbstbewusstsein und dessen Verdoppelung zu den beiden entgegengesetzten Figuren 'Herr' und 'Knecht' geht, nimmt Sartre dieses Bild und das Konzept, das sich damit ausdrücken soll, auf und weitet es auf die Problematik der Intersubjektivität aus. Diese Abhängigkeitsformen werden im Innern gespürt, sie sind präsent, es gibt keinen Zweifel daran - sie sind daher für Sartre ein überzeugender Beweis für die Existenz des anderen, der über die Erkenntnistheorie weit hinausgeht[7].

Das Kernstück der Überlegung ist also die Interpretation des Herr-Knecht-Bildes von Hegel als Affirmation dafür, dass der Andere unentbehrlich ist „für die Existenz meines Bewusstseins selbst als Selbstbewusstsein"[8].

Das Für-sich-dasein ist sich seiner sicher, das wäre das 'Cogito' von Descartes, „aber diese Gewissheit enthält noch keine Wahrheit", wie Sartre es ausdrückt. Diese Wahrheit bedeutet, „äußerlich gültig" zu werden, „sich selbst als Objekt hervorzubringen". Dieses Objekt ist der 'Knecht' in der Verdoppelung des Selbstbewusstseins, das ja eigentlich erst das wahre Selbstbewusstsein hervorbringt. Über ihn, über seine Existenz, bin ich sicher. Der Herr ist in dieser Dialektik sein eigener Knecht.

Aber der 'Knecht' ist nicht nur der andere Part meines gefestigten Selbstbewusstseins, nämlich ich selbst als Objekt, über ihn erkenne ich die anderen „Selbstbewusstseinsindividuen" wieder.

„Der Andere erscheint mit mir zusammen, da ja das Selbstbewusstsein durch den Ausschluss jedes Anderen mit sich selbst identisch ist." Das andere Selbstbewusstsein kann als solches erkannt werden, zugleich schließe ich es aus, denn Ich bin Ich und nichts und niemand anderes. „Er ist das, was anders ist als ich." Ebenso werde ich natürlich vom anderen Ich ausgeschlossen.

Jetzt kommt der Sprung zurück zum 'Cogito'. Es ist in Wirklichkeit nicht als Ausgangspunkt der Überlegung über das Verhältnis bzw. die Existenz von mir und dem andern möglich: Denn das 'Cogito' selbst kann nicht meine Individualität sichtbar machen, diese wird mir erst klar durch die Anerkennung des Anderen. „Der Weg zur Innenweltlichkeit geht durch den Anderen."

Diese Anerkennung wird bei Sartre im nächsten Kapitel von 'Sein und Nichts' ausführlich behandelt: Es ist der 'Blick'.

In anderen Worten: Mein reines Für-sich-Bewusstsein (der 'Herr') hängt von einem anderen Bewusstsein (dem 'Knecht') ab, mit dem ein dialektisches Verhältnis der Einheit der Gegensätze als bestimmend für mein Selbstbewusstsein eingegangen wird. Davon abgeleitet lässt sich sagen, dass

---

[7] Honneth 142
[8] SN 317

mein Für-sich-sein überhaupt vom Anderen abhängt. Das heißt, es ist von seiner Anerkennung abhängig. Dies gilt reziprok auch für den Anderen, für sein Für-sich-sein.
Für jeden ist der Andere also der 'Knecht' und er selbst ist der 'Herr' in dem gleichen Verhältnis, in dem die beiden Teile des jeweiligen, verdoppelten Selbstbewusstseins zueinander stehen.
„Der geniale Einfall Hegels besteht also darin, mich in meinem Sein vom Anderen abhängig sein zu lassen."[9]
Der Andere kann daher in seiner Existenz logischerweise gar nicht mehr angezweifelt werden, weil dieser Zweifel Ausdruck eines Ich-Bewusstseins wäre, das ohne die vorhergehende Anerkennung des Anderen gar nicht zustande gekommen wäre!
Sartre zitiert aus einem weiteren Werk Hegels, in dem es wortwörtlich, und sehr schön formuliert, heißt, Zweifel sind nicht möglich, da ja „das Selbstbewusstsein nur real ist, insofern es seinen Widerschein im Anderen weiß".
Hegel hat also die solipsistischen Positionen widerlegt und zwar nicht durch erkenntnistheoretische Argumentation, sondern durch ontologische: Nun „erscheint das Für-Andere-sein als eine notwendige Bedingung meines Seins für mich"[10].

Aber Sartre stellt doch die Frage:
„Und trotzdem: Gelingt es diese Lösung ungeachtet ihrer Weite, ungeachtet des Reichtums und der Tiefe von Einzelbeobachtungen, die die Theorie von Herrn und Knecht im Überfluss enthält, uns zufriedenzustellen?"
Sartre zweifelt daran und entwickelt daraufhin seine Kritik an Hegel – welche laut Honneth „alles andere als klar" und „nicht frei von Komplikationen" ist[11].

Sartre schreibt, für den Idealismus sind „Sein und Erkennen identisch". Daraus ergibt sich eine Reihe von Irrtümern. Die zwei „Hauptanklagepunkte" gegen Hegel richten sich jedoch gegen seinen Optimismus! Er vertritt einen „erkenntnistheoretischen Optimismus" [12] wie auch einen „ontologischen Optimismus"[13]. Zum ersten gehört die u. a. Annahme Hegels, dass „eine objektive Übereinstimmung zwischen den Bewusstseinsindividuen realisiert

---
[9] SN 319
[10] SN 320
[11] Honneth 143
[12] SN 322
[13] SN 326

werden kann": 'Ich weiß, dass Andere mich als mich selbst wissen.', sagt Hegel. Wie soll dies beim Individuum möglich sein? Es müsste ein gemeinsames Maß gegeben, „für das, was ich für ihn bin, das, was er für mich ist, das, was ich für mich bin und das, was er für sich ist." Dies ist nicht möglich. Hier zeigt sich die Problematik der Erkenntnistheorie.

Zum zweiten nimmt Hegel einen idealistischen" Ganzheitsstandpunkt" ein. Es sieht das Ganze, nicht das Einzelbewusstsein. Die Pluralität der Bewusstseinsindividuen wird als 'Skandal' bezeichnet.

Der Kern der Kritik: „Meine Beziehung zum anderen ist zunächst und von Grund aus ein Verhältnis zwischen Erkennen und Erkennen, nicht zwischen Erkennen und Erkennen, wenn anders der Solipsismus soll widerlegt werden können."[14]

Die Lösung Sartre' s für das Problem der Intersubjektivität wird im folgenden Kapitel seines Buches ausgeführt: 'Der Blick'.

Die Selbstgewissheit muss zur Wahrheit werden. Dies geschieht über die Objektivierung meiner Selbst und des Anderen als Weg zur „intersubjektiven Gewissheit". In diesem Kapitel wird es anhand einer sehr anschaulichen Szenerie erklärt: Das Subjekt sieht durch das Schlüsselloch und wird dabei ertappt: Das 'Ich' nimmt die Rolle des 'Objekts für Andere' ein. Dies wird von ihm nicht 'erkannt', sondern 'erlebt'. Es versteht, ein Objekt zu sein und nimmt auf diese Weise sich selbst wahr – in einem Moment der 'Verdinglichung'. Zugleich erfährt er „die unerfassbare Subjektivität des Anderen". Wenn diese Szene nicht als raum-zeitlicher Augenblick gesehen wird, also nicht als besonderes Erlebnis, sondern als kontinuierliche Situation – wir fühlen uns immer unter Beobachtung, unabhängig davon, ob ein anderes Subjekt uns ansieht oder nicht – ist das Für-Andere-sein ein Charakteristikum der menschlichen Existenz und damit das Problem der Intersubjektivität und des Solipsismus (vorerst) gelöst.

Der Kampf um Leben und Tod findet jetzt in verschärfter Form statt, die dialektische Einheit von Herr und Knecht ist völlig verschwunden. In den nachfolgenden Kapiteln des Buches werden die „konkreten Verbindungen mit anderen" mit den Begriffen 'Sadismus' und 'Masochismus' ausgedrückt. Im Verlauf der Entwicklung der Philosophie Sartre's wird die Ausschließlichkeit solcher Verhältnisse jedoch schnell wieder verworfen, z. B. bereits in den 'Entwürfen für eine Moralphilosophie', geschrieben 1947/48.

---

[14] SN 327

Eine Alternative auf diesen anscheinend unlösbaren Konflikt liegt in der gegenseitigen Anerkennung als Subjekt. Sartre erklärte es am Beispiel des Autors und seines Publikums. Diese neue Form der Anerkennung fand Sartre zuerst in der Geschichte, in der Gesellschaft, noch nicht in der Ontologie. Die Analyse von Herrschaft und Unterdrückung, die bei ihm ja immer programmatisch auf der Tagesordnung stand, führte schließlich zur Weiterentwicklung seiner Haltung in 'Sein und Nichts'. In 'Wahrheit und Existenz' schrieb Sartre:

„Ich suche also die Moral von heute, das heißt das totale Faktum von Historialisation. Ich versuche die Wahl zu erhellen, die ein Mensch 1948 von sich und der Welt treffen kann. Diese Wahl setzt 1) einen ontologischen Horizont, 2) einen geschichtlichen Zusammenhang, 3) eine konkrete Zukunft voraus."[15]

Die Intersubjektivität blieb das zentrale Thema von Sartre, Ausgangspunkt war auch Hegels Herr-Knecht-Bild.

---

[15] Reinbek 1996, 147

3. Äußerungen zu Sartre-Hegel

Philosophisch stellt Sartre den Herr-Knecht-Vergleich u. a. in seinem ersten Hauptwerk „Das Sein und das Nichts" vor, literarisch erschien er bei seiner Lebensgefährtin, der bekannten französischen Autorin Simone de Beauvoir in ihrem Roman „Sie kam und blieb"[16], beide Bücher wurden im selben Jahr veröffentlicht (1943).

Ein Vergleich dieser beiden Darstellungen und deren Entstehungsgeschichte ist das Thema von: Debbie Evans, Sartre and Beauvoir on Hegel's Master-Slave Dialectic and the Question of the 'Look'[17]. Der Roman stellt die Entwicklung einer dialektische Herr-Knecht-Beziehung dar – das Epigramm ist sogar ein Zeile aus Hegels Phänomenologie: „Ebenso muss jedes Bewusstsein auf den Tod des Anderen gehen." Die These von Debbie Evans lautet, dass beide Werke – das philosophische und das literarisch - in einer Form gegenseitiger Beeinflussung verfasst wurden. Evans vermutet, der Roman sie eine Art von Parodie auf bestimmte Themen aus Sartre's Meisterwerk[18]. Im Kontext der Schilderung des Zustandekommens dieser Bücher werden Stellen bei Sartre angeführt, in denen er erklärt, Hegel erst drei Jahre nach der Publikation von 'Sein und Nichts' ernsthaft studiert zu haben[19]. Zum Zeitpunkt der Verfassung seines Buches hatte er ihn nur überflogen. Er benutzte Hegel, um sein eigenes Konzept besser erklären zu können, ein Hegelianer war Sartre niemals. Nicht nur dessen idealistischen Ideen des absoluten Wissens, des Wissens vom Göttlichen, sind weit weg von Sartre: In diesem Kontext ist das Prinzip, das Bewusstsein sei das, was es nicht ist, und nicht das, was es ist, dem hegelschen Denken völlig entgegengesetzt.

Das Herr-Knecht-Bild wird durch den 'Blick' abgelöst. Die Gegenseitigkeit im Verhältnis Herr-Knecht ist in der Beziehung zwischen dem, der blickt und dem, der erblickt wird, nicht mehr gegeben. Das Subjekt – der, welcher den anderen erblickt – kann nicht gleichzeitig Objekt sein. Die Hegelsche Dialektik ist in diesem Fall nicht mehr präsent. Wörtlich schreibt Evans:

„In seinem Beitrag über den 'Blick' gibt es im Gegensatz zu Hegels Beitrag zur Herr-Knecht-Beziehung in der 'Phänomenologie' keine Lösung des Problems des anderen Bewusstseins. Eine Lösung, argumentiert Sartre, würde sein, den Skandal der Pluralität der Bewusstseine abzuleugnen, was notwendigerweise die

---

[16] Simone de Beauvoir, Sie kam und blieb, Reinbek 1953
[17] Debbie Evans, Sartre and Beauvoir on Hegel's Master-Slave Dialectic and the Question of the 'Look', in: Daigle, Colomb (Hrg.), Beauvoir and Sartre – The Riddle of Influence, Bloomington (USA) 2009
[18] Evans 97
[19] Inteviews mit Contat und Rybalka, Evans 98

Dialektik 'brechen' würde. Vielmehr als eine Art von totalisierender, teleologischer Bewegung, die sich durch die verschiedenen Bewusstseinsformen durcharbeitet, ist das, was der Leser in dem Text Sartre's findet, das Bild eines höllischen Kreislaufs in unserer Beziehung zum individualisierten Anderen. Das ist die vorbehaltlose Antwort auf das Problem von Hegels Idealismus, wie es sich in der harmonischen Versöhnung identischer Bewusstseine darstellte."[20]

- Betschart äußert sich folgendermaßen: „Meine Rechtfertigung des Handelns vor dem Andern setzt nämlich die Anerkennung von dessen Freiheit voraus. Dies ist auch die Aussage, die hinter Hegels Bild vom Herrn und dem Knecht steht, einem Topos, den Sartre und Beauvoir sehr gerne und häufig zur Charakterisierung von sozialen Verhältnissen im Kapitalismus und Kolonialismus benutzen. Der Sprung von der Metaethik zur normativen Ethik vollzieht sich in Sartres und Beauvoirs Forderung, dass der Herr dem Knecht größtmögliche Freiheit zugesteht, um den Wert der Rechtfertigung zu erhöhen. Wie zuvor schon in der Authentizitätsethik lässt sich auch in der Ethik der Freiheit der systemische Charakter von Sartres Philosophie in der direkten Linie von der Ontologie über die Anthropologie zur Metaethik und weiter zur normativen Ethik verfolgen, vom Für-sich via den Blick des Andern und die Diskursethik hin zur Ethik der Freiheit."[21]

---

[20] Evans 102
[21] Alfred Betschart, Sartre und Beauvoir – eine Ethik fürs 21. Jahrhundert; Vorlesung Jena 2013; 10

Literatur

G. W. F. Hegel, Phänomenologie des Geistes, Meiner Verlag Hamburg 1999
Jean-Paul Sartre, Das Sein und das Nichts, Reinbek, 1962 (SN)

Ernst Bloch, Neuzeitliche Philosophie II: Deutscher Idealismus – Leipziger Vorlesungen zur Geschichte der Philosophie 4, Frankfurt am Main 1985

Debbie Evans, Sartre and Beauvoir on Hegel's Master-Slave Dialectic and the Question of the 'Look`, in: Daigle, Colomb (Hrg.), Beauvoir and Sartre – The Riddle of Influence, Bloomington (USA) 2009

Axel Honneth, Die Gleichursprünglichkeit von Anerkennung und Verdinglichung. Zu Sartres Theorie der Intersubjektivität, in: B. N. Schumacher (Hg.), Jean-Paul Sartre, Das Sein und das Nichts, Berlin 2003

Köhler/Pöggeler (Hg.), Klassikerausgaben: Hegel, Phänomenologie des Geistes, Berlin 2006

BEI GRIN MACHT SICH IHR WISSEN BEZAHLT

- Wir veröffentlichen Ihre Hausarbeit, Bachelor- und Masterarbeit

- Ihr eigenes eBook und Buch - weltweit in allen wichtigen Shops

- Verdienen Sie an jedem Verkauf

Jetzt bei www.GRIN.com hochladen und kostenlos publizieren